Autores varios

Constitución quiteña de 1812

Barcelona 2024
Linkgua-ediciones.com

Créditos

Título original: Constituciones fundacionales de Ecuador. Constitución quiteña de 1812.

© 2024, Red ediciones S.L.

e-mail: info@linkgua.com

Diseño de cubierta: Michel Mallard.

ISBN rústica ilustrada: 978-84-9953-915-7.
ISBN ebook: 978-84-9897-612-0.

Sumario

Ecuador. Constitución quiteña de 1812

En el nombre de Dios Todopoderoso, Trino y Uno.

El Pueblo Soberano del Estado de Quito legítimamente re-
presentado por los Diputados de las Provincias libres que lo
forman, y que se hallan al presente en este Congreso, en uso
de los imprescriptibles derechos que Dios mismo como autor
de la naturaleza ha concedido a los hombres para conservar
su libertad, y proveer cuanto sea conveniente a la seguridad,
y prosperidad de todos, y de cada uno en particular; desean-
do estrechar más fuertemente los vínculos políticos que han
reunido a estas Provincias hasta el día y darse una nueva
forma de Gobierno análogo a su necesidad, y circunstancias
en consecuencia de haber reasumido los Pueblos de la Dominación Española por las disposiciones de la Providencia
Divina, y orden de los acontecimientos humanos la Sobe-
ranía que originariamente resida en ellos; persuadido a que
el fin de toda asociación política es la conservación de los
sagrados derechos del hombre por medio del establecimien-
to de una autoridad política que lo dirija, y gobierne, de un
tesoro común que lo sostenga, y de una fuerza armada que
lo defienda: con atención a estos objetos para gloria de Dios,
defensa y conservación de la Religión Católica, y felicidad de
estas Provincias por un pacto solemne, y recíproco convenio
de todos sus Diputados sanciona los **Artículos** siguientes que
formaran en lo sucesivo la Constitución de este Estado.

Sección primera. Del Estado de Quito y su representación nacional

Artículo 1. Las ocho Provincias libres representadas en este Congreso, y unidas indisolublemente desde ahora más que nunca, formaran para siempre el Estado de Quito como sus partes integrantes, sin que por ningún motivo ni pretexto puedan separarse de él, ni agregarse a otros Estados, quedando garantes de esta unión unas Provincias respecto de otras: debiéndose entender lo mismo respecto de las demás Provincias vinculadas políticamente a este Cuerpo luego que hayan recobrado la libertad civil de que se hallan privadas al presente por la opresión y la violencia, las cuales deberán ratificar estos Artículos sancionados para su beneficio y utilidad común.

Artículo 2. El Estado de Quito es, y será independiente de otro Estado y Gobierno en cuanto a su administración y economía interior reservándola a la disposición y acuerdo del Congreso General todo lo que tiene trascendencia al interés público de toda la América, o de los Estados de ella que quieran confederarse.

Artículo 3. La forma de Gobierno del Estado de Quito será siempre popular y representativa.

Artículo 4. La Religión Católica como la han profesado nuestros padres, y como la profesa, y enseña la Santa Iglesia Católica, Apostólica Romana, será la única Religión del Estado de Quito, y de cada uno de sus habitantes, sin tolerarse otra ni permitirse la vecindad del que no profese la Católica Romana.

Artículo 5. En prueba de su antiguo amor, y fidelidad constante a las personas de sus pasados Reyes; protesta este Estado que reconoce y reconoce por su Monarca al señor don Fernando Séptimo, siempre que libre de la dominación francesa y seguro de cualquier influjo de amistad, o parentesco con el Tirano de la Europa pueda reinar, sin perjuicio de esta Constitución.

Artículo 6. Las Leyes Patrias que hasta el presente han gobernado y que no se opongan a la libertad, y derechos de este Pueblo y su Constitución quedaran en toda su fuerza y vigor por ahora y mientras se reforman por la Legislatura, tanto el Código Civil, como el Criminal, y se forman los Reglamentos convenientes para todos los Ramos de la administración política y civil.

Artículo 7. La Representación Nacional de este Estado se conservará en el Supremo Congreso de los Diputados Representantes de sus Provincias libres, y en Cuerpos que éste señale para el ejercicio del Poder, y autoridad soberana.

Artículo 8. Ésta no se podrá ejercitar jamás por un mismo Cuerpo ni unas mismas personas en los diferentes Ramos de su administración, debiendo ser siempre separados y distintos el Ejecutivo, Legislativo y Judicial.

Artículo 9. El primero se ejercitará por un Presidente del Estado, tres asistentes, y dos Secretarios con voto informativo que nombrará el Congreso. El Legislativo se ejercitará por un Consejo o Senado compuesto de tantos miembros, cuantas son las Provincias Constituyentes por ahora, y mientras calculada su población resultan los que corresponden a cada cincuenta mil habitantes, los cuales miembros de la Legislatura se elegirán por el Supremo. El Poder Judicial se ejercitará en la Corte de Justicia por cinco individuos, de los cuales cuatro serán jueces que turnarán en la Presidencia de la Sala, y un Fiscal, nombrados todos por el Congreso.

Artículo 10. El Supremo Congreso será el Tribunal de censura y vigilancia para la guarda de esta Constitución, protección y defensa de los derechos del Pueblo, enmienda y castigo de los defectos en que resultaron culpables los miembros del Poder Ejecutivo y Judicial al tiempo de su residencia.

Artículo 11. El Supremo Congreso se renovará cada dos años nombrándose los Diputados Representantes que lo componen según se forma de esta Constitución y se formará en Cuerpo al principio del bienio para nombrar el Presidente del Estado, y demás funcionarios de la Representación Nacional, al abrir el juicio de residencia contra los que acaban hasta terminarlo, y corregir los abusos, e infracciones de la Constitución, y librar las providencias que interesen a la salud y utilidad común del Estado: se formará también al fin de los dos años, por el mes de noviembre, para anunciar a las Provincias el término de sus funciones, señalar el día de las elecciones parroquiales, y el de la elección de Diputados que deberá ser uniforme en todo el Estado, y el de su comparendo en la Capital que deberá ser siempre antes del primero de enero. Y se formará en fin siempre, y cuando exigiéndolo la necesidad pública lo mande convocar el Presidente del Estado, o el Poder Legislativo en sus casos con arreglo a esta Constitución.

Artículo 12. Cada Provincia no podrá elegir para el Congreso más de un Diputado, excepto la de Quito a quien le corresponde por esta Constitución el derecho de designar dos en atención a su población casi dupla de las demás Provincias en particular; pero podrán si quieren nombrar a más del Diputado un suplente para los casos de enfermedad o muerte de aquél.

Artículo 13. La duración de todo funcionario tanto en el Congreso como en la Representación Nacional de los Poderes, incluso el Presidente del Estado, nunca pasará de dos años; ni en sus tres Salas se admitirá reelección, aunque sea de una Sala a otra hasta pasados dos turnos, exceptúase el caso en que la totalidad de los votos del Congreso aclamen el mérito, y la necesidad de algún individuo solo para el ejercicio del mismo poder que ha ejercitado, sin que puedan ser segunda vez aclamados hasta pasado por lo menos un turno.

Artículo 14. La Ley Julia Ambitus del derecho de los Romanos tendrá por esta Constitución toda su fuerza y vigor en el Estado de Quito contra los que por sí o por medio de otros pretendiesen ser elegidos, para tener parte en el Congreso, o en la Representación Nacional, o algún otro empleo de Judicatura en que tenga Parte el voto y representación del pueblo. Y todo aquél que por medio de sus gestiones, amenazas o promesas, coartase la libertad de las Provincias en la elección de sus Diputados, o en el informe por sus Gobernadores, será tratado como invasor y concusionario público, enemigo de la libertad y seguridad de su Patria.

Artículo 15. Para el ejercicio de un mismo Poder, y dentro de una misma Sala nunca podrán ser elegidos los parientes dentro del cuarto grado de consanguinidad, o segundo de afinidad, ni los comensales y paniaguados de una misma casa; y los Diputados Representantes de las Provincias que se hallaren ligados con estos vínculos respecto de los funcionarios que acaban, no podrán concurrir con los demás en el juicio de residencia y en su lugar procederán los suplentes nombrados por las Provincias, o que se nombraran por el Presidente del Estado.

Artículo 16. Los sospechosos en materia de Religión, los enemigos de la causa común, los neutrales, mientras no se decidan por hechos positivos, los deudores del Fisco, los que no son naturales de estos países, ni tienen carta de naturaleza librada por alguno de los Gobiernos libres de América, los menores de veinticinco años, y todos los demás comprendidos en la exclusión de las Leyes quedan también excluidos de tener parte en el Congreso, y en los demás Cuerpos de la Representación Nacional.

Artículo 17. Los Diputados Representantes, los suplentes en su caso y los demás miembros de la Representación Nacional, antes de entrar en posesión de sus destinos prestaran el juramento de esta Constitución, el mismo que se prestó en la instalación de este Congreso, y el que rehusare a verificarlo categóricamente en todos sus Artículos, quedará excluido de su lugar para siempre.

Artículo 18. Ningún individuo del Congreso, y los demás Cuerpos de la Representación Nacional durante el tiempo de sus funciones podrá ser destinado a otro empleo lucrativo, ni comisionado fuera de la Provincia en que reside el Congreso, sino para alguna negociación para otro Estado previo el consentimiento del Congreso General, o para ser Diputado representante en él.

Artículo 19. Todos los miembros de la Representación Nacional terminadas sus funciones quedaran en clase de ciudadanos particulares, sin tratamiento, distinción, ni prerrogativa alguna, y por consiguiente nadie podrá a pretexto de haber servido a la Patria en la Representación Nacional pretender derecho a ser colocado en ella, quedando reservado al concepto y elección libre de los pueblos el destino público de cada uno.

Artículo 20. El Gobierno del Estado se obliga a todos los habitantes de él, y les asegura que serán inviolables sus derechos, su religión, sus propiedades y su libertad natural, y civil: y en su consecuencia declara que todo vecino y habitante en el de cualquier estado, condición, y calidad que sea, puede libre y francamente exponer sus sentimientos, y sus dictámenes por escrito, o de palabra, no siendo en materia de Religión, o contra las buenas costumbres, y levantar sus quejas, y representaciones al Gobierno guardando solo la moderación que es necesaria para la conservación del buen orden.

Artículo 21. El Estado cuidará también de asignar por el tiempo de la duración de los empleos públicos, las rentas proporcionadas al trabajo de sus funcionarios y tan moderadas que no pudiendo incitar a la avaricia, ni promover la ociosidad basten para indemnizar a los empleados de los perjuicios que puedan sentir en sus intereses privados por servir a la Patria. (Hay una rúbrica del Excmo. e Ilmo. Sr. Obispo Presidente)

Sección segunda. Del Poder Ejecutivo

Artículo 22. Al Poder Ejecutivo formado conforme al **Artículo 9** toca el cumplimiento, guarda y ejecución en todo el Estado de esta Constitución en primer lugar, y todas las leyes que no estén reformadas, o abolidas por ella, como también de todos los Reglamentos, Leyes o providencias que el Congreso Supremo provincial estando formado, o la Legislatura sancionen.

Artículo 23. Toca también al Poder Ejecutivo el desempeño del Gobierno económico en todos los Ramos de la Administración Pública y de Hacienda y de Guerra que hasta el día han estado a cargo de los Presidentes igualmente que la protección de todos los Ramos de industria, educación y prosperidad pública, y de todos los establecimientos dirigidos a este fin.

Artículo 24. El Poder Ejecutivo proveerá a propuesta de aquellos a quienes toquen con arreglo a esta Constitución todos los empleos civiles, militares, económicos y de Hacienda en todo el Estado siendo en propiedad, pues las vacantes en ínterin solo se proveerán por el Presidente.

Artículo 25. Al Poder Ejecutivo corresponde velar sobre la recaudación de los caudales públicos, custodia y adelantamiento del Tesoro Nacional y su inversión: de todo lo que presentará al público todos los años una razón impresa que circulará por todas las Provincias, comprehensiva del ingreso, existencia, motivos de su inversión y gastos, y en cada bienio el cotejo del estado antecedente de las rentas públicas con el que tuvieran en aquella fecha.

Artículo 26. El Presidente y Asistentes del Poder Ejecutivo quedaran responsables insolidum a la Nación, y sujetos al juicio de residencia para los efectos y omisiones en que resulten culpables al terminar el período de su gobierno.

Artículo 27. El Presidente del Estado tendrá los honores de Capitán General de la Provincia, y será el solo el Comandante General de toda la fuerza armada: pero no podrá hacer leva de Gente, reunir Tropas, ni trasladar de un lugar a otro los Destacamentos, o las Milicias sin consentimiento del Poder Legislativo y Ejecutivo.

Artículo 28. En todos los casos de discordia de los cuatro miembros del Poder Ejecutivo se decidirá por el Presidente en turno del Poder Legislativo, salvando solo su responsabilidad en el Libro secreto que habrá para el efecto en cada una de las Salas de los tres Poderes.

Artículo 29. El Presidente del Estado puede convocar y presidir sin voto en sesiones extraordinarias, la Sala o Salas de la Representación Nacional cuando lo estime necesario para la utilidad común, y aunque no puede mezclarse en lo Legislativo y judicial velará sobre cada uno de los Poderes a fin de que cumplan y desempeñen todo el encargo de su representación imponiendo si fuese necesario, alguna pena pecuniaria a los negligentes.

Artículo 30. El Poder Ejecutivo tiene derecho de proponer a la Legislatura, todo lo que estime digno de su atención y también de suspender la promulgación de la Ley sancionada, dando las causas que para ello tuviere al Poder Legislativo, dentro del preciso término de ocho días.

Artículo 31. Ningún indulto o perdón en los casos y circunstancias en que pueda tener lugar se concederá, sino por la Representación Nacional en sus dos Salas del Poder Ejecutivo y Legislativo juntas; excepto el crimen de la Patria que no se remitirá en ningún caso.

Artículo 32. Las ausencias y enfermedades del Presidente del Estado, se suplirán por los demás miembros del Poder Ejecutivo en el ejercicio de las facultades asignadas por esta Constitución, y en caso de muerte la Presidencia del Estado tomará entre los tres Asistentes del Poder Ejecutivo por un mes en cada uno hasta la nueva elección.

Artículo 33. El Presidente del Estado durante el tiempo de su ejercicio gozará de cuatro mil pesos, los Asistentes del Poder Ejecutivo mil quinientos pesos y los dos Secretarios mil pesos en cada año, que se les contribuirán del Erario o fondo público. (Hay una rúbrica de dicho Sr. Presidente)

Sección tercera. Del Poder Legislativo

Artículo 34. Al Poder Legislativo constituido conforme al **Artículo** 9 toca reformar la práctica de los Juicios Civiles y Criminales en todos los Tribunales del Estado: la formación de Reglamentos útiles, tanto en lo político y económico, como en lo militar: la corrección y enmienda de las Leyes perjudiciales a nuestra libertad y derechos, y la formación de otras análogas a la situación y circunstancias presentes, siendo reservada a solo él la interpretación de las dudosas.

Artículo 35. Es peculiar y privativo de este Poder el arreglar toda especie de tasas, contribuciones y derechos que deban exigirse, tanto en la cantidad como en el monto de su recaudación y Ramos, o personas que deban exhibir con atención a las necesidades del Estado y a la posibilidad de los Contribuyentes. Sin el consentimiento y permiso de la Legislatura, ningún particular, ni corporación podrá en lo sucesivo imponer o exigir contribución alguna.

Artículo 36. Al Poder Legislativo toca también, señalar las pensiones y sueldos que deben gozar los empleados y funcionarios públicos, y aumentar, o disminuir los que por esta Constitución se señalan con proporción al trabajo de los empleados y utilidad que de él resulte al Estado ciñéndose al objeto indicado en el **Artículo** 21 y sin consideración alguna a la calidad de la persona, sino al bien común del Estado.

Artículo 37. En todos los casos en que requiriendo al Poder Ejecutivo para que convoque al Congreso de Representantes no lo quisiese verificar; el Poder Legislativo tiene derecho de hacerlo a la mayor brevedad; y podrá si no viniesen en el tiempo designado con cinco Representantes que residan en la Capital, o estén más inmediatos proceder a tomar las providencias que sean necesarias, y que se hayan frustrado por la omisión, o malicia del Ejecutivo cuya omisión en esta parte será el principal **Artículo** de residencia contra los miembros que lo ejercitan.

Artículo 38. Cualquier miembro de la Legislatura tiene derecho de proponer el Reglamento, o proyecto de Ley que juzgue conveniente a la felicidad pública; al Cuerpo toca acordar si es admisible, y si debe traerse a discusión pero entre las materias admitidas para discutirse, el Presidente en turno de la Sala solo tiene derecho de asignar y elegir las que deben traerse con preferencia según la calidad de su objeto y trascendencia al bien público.

Artículo 39. Las discusiones serán públicas, y sin esta cualidad cualquiera sanción será nula. Al efecto se anunciará la discusión mandándose fijar en público una copia del proyecto, o proyectos, y reformas propuestas que se han de discutir al cabo de tres días por lo menos para que todos los que quieran presentar sus memorias u observaciones, y reflexiones lo hagan por medio del Secretario.

Artículo 40. Se comunicará asimismo por la Legislatura igual copia de las representaciones de las Provincias a fin de que expongan su dictamen, y cuando todos hayan contestado, se hará segunda discusión, previniendo de antemano al público para que cada uno pueda si quiere representar lo que estime justo y conveniente.

Artículo 41. No ocurriendo razón positiva que se oponga a la sanción de la ley o Reforma premeditada, y conviniendo todos los votos de la Sala se extenderá, y dentro de tercero día se pasará al Poder Ejecutivo para que tenga su efecto. Y si éste dentro de ocho días perentorios no la publicase ni expusiese razón fundada de su resistencia, procederá la Legislatura según queda sancionado en el **Artículo 42** de esta Sección.

Artículo 42. Sancionada que sea una Ley, y mandada publicar no se podrá derogar, ni enmendar por la misma Legislatura y solo se podrá suspender su ejecución de acuerdo con todos tres Cuerpos hasta que se revea en la Legislatura siguiente, siempre que los inconvenientes que ocurran sean mayores que la utilidad de la Ley, y que no se hayan notado, o existido cuando ella se sancionó.

Artículo 43. El Poder Legislativo tendrá sus sesiones ordinarias tres días en cada semana, de tres horas, y se juntará en sesión extraordinaria siempre y cuando el Presidente del Estado lo mande concurriendo utilidad pública; sea a petición del Poder Judicial, de las Municipalidades, o de propio mutuo.

Artículo 44. Tanto en la Legislatura, como en la Corte de Justicia la Presidencia de las Salas en sus sesiones ordinarias, será por turno entre sus individuos, verificándose en la primera cada semana, y en la segunda cada tres meses y por igual término turnará en el Legislativo la Secretaría entre sus individuos. Los funcionarios de este Poder, tendrán mil pesos por año para compensar los perjuicios de sus negociaciones en el tiempo que están en el servicio del público. (Hay una rúbrica de dicho Excmo. Señor)

Sección cuarta. Del Poder Judicial

Artículo 45. El Supremo Poder Judicial como parte de la autoridad soberana, o modificación suya, se ejercitará por la alta Corte de Justicia en todos los casos, o cosas que las Leyes han dispuesto con respecto a las extinguidas Audiencias sobre las materias civiles y criminales contenciosas, salvo las reservadas por esta Constitución a los Poderes Ejecutivo y Legislativo: se les contribuirá del Erario, o fondo público mil y quinientos pesos por año.

Artículo 46. Los demás Tribunales inferiores de primera instancia, los de los Corregidores, Alcaldes ordinarios, Jueces de Policía y los Pedáneos no son parte de la Representación Nacional, ni tampoco las Municipalidades que al presente existen, o en adelante se establezcan.

Artículo 47. Siendo los tres Poderes diversos, ejercicios solamente de una autoridad soberana, ellos son iguales entre sí, y unas mismas las prerrogativas de los Cuerpos que lo ejercitan sin perjuicio de los recursos extraordinarios que se pueden elevar de la Corte de Justicia al Poder Legislativo, y Ejecutivo juntos, como de una parte al todo. En cuyo caso el Presidente del Estado nombrará cuatro miembros de la Legislatura que asociados al Poder que se halle expedito, conozcan y resuelvan por pluralidad de los votos concurrentes.

Artículo 48. Cada uno de los tres Cuerpos tiene derecho de nombrar los oficiales y subalternos que estime necesarios para el despacho de los asuntos relativos a cada uno de los Poderes; su sueldo lo señalará la Legislatura, y lo mandará pagar el Poder Ejecutivo.

Artículo 49. En caso de muerte de cualquier funcionario de los tres Cuerpos, cada uno tiene derecho de nombrar con asistencia del Presidente del Estado un suplente, u honorario que los reemplace hasta la elección siguiente, y si falleciese algún Diputado representante nombrará el Presidente del Estado un suplente dando parte a su respectiva Provincia si ésta no lo tuviese nombrado según el **Artículo 12.**

Artículo 50. Todos los oficiales subalternos de los Cuerpos de la Representación Nacional quedarán sujetos al juicio de su respectiva Sala en todos los casos en que se hallen culpables in oficio, oficiando, y en los demás contenciosos serán juzgados con arreglo a las Leyes por el Poder Judicial.

Artículo 51. Ningún miembro de la Representación Nacional podrá ser preso durante el tiempo de sus funciones, ni perseguido después por las opiniones y dictámenes que se haya expuesto en el tiempo de su representación.

Artículo 52. En todos los casos en que se junte el Congreso y los demás Cuerpos de la Representación Nacional, al Presidente del Estado seguirán los Diputados de las Provincias, después los Asistentes del Poder Ejecutivo, luego los Miembros de la Legislatura, y finalmente los de la Corte de Justicia. En estos casos actuará el Secretario del Congreso que será uno de los Diputados nombrado para el efecto: y en los demás en que solo concurra dos Salas de la Representación Nacional, actuará el Secretario de la Legislatura.

Artículo 53. En las concurrencias de la Iglesia, abolido el ceremonial de respeto, se guardará la costumbre en lo demás, asistiendo el Presidente del Estado en la Corte de Justicia a las fiestas juradas y de tabla: y solo con la Municipalidad a las demás. Pero el día segundo de Navidad, el Jueves Santo, el día de Corpus, y el diez de agosto —aniversario de nuestra libertad—, asistirá completa con sus tres Cuerpos la Representación Nacional, y en estos cuatro días la Municipalidad.

Artículo 54. En este estado y conviniendo a la salud pública que los Pueblos queden impuestos del Reglamento Provisional que el Supremo Congreso ha sancionado para el ejercicio de los tres Poderes, acordaron los señores que suscriben se publique por Bando, en inteligencia que para las restantes sesiones se procederá, o por el mismo Supremo Congreso o por el Poder

Legislativo, reformándose si lo exigiesen las circunstancias los Artículos que parezcan inadaptables, o contrarios al carácter y necesidades de la Nación.

Dado en el Palacio del Reino de Quito, en quince de febrero de mil ochocientos doce años.

José, Obispo, Presidente. El Marqués de Selva-Alegre. Calixto Miranda. Manuel José Cayzedo. Francisco Rodríguez Soto. Fray Álvaro Guerrero. Manuel Larrea. Doctor Francisco Aguilar. Doctor Mariano Merizalde. Doctor José Manuel Flores. Miguel Suárez. Vicente Lucio Cabal.

La Constitución está firmada solo por parte de los miembros del Congreso Constituyente que la dictó. El acta de instalación de él se halla suscrita por los siguientes individuos:

Presidente del Congreso constituyente, Ilmo. José Cuero y Cayzedo. Vicepresidente, Marqués de Selva Alegre. Manuel Zambrano, Representante del Ayuntamiento. Calixto Miranda, Diputado por la ciudad de Ibarra. Francisco Rodríguez Soto, Representante del Cabildo Eclesiástico. Prudencio Bascones, Diputado del Clero secular. Fray Álvaro Guerrero, Representante del Clero Regular. El Marqués de Villa Orellana, Representante de la Nobleza. Mariano Guillermo Valdivieso, Representante de la Nobleza. Manuel Larrea, Representante de la Parroquia de Santa Bárbara. Manuel Mateu, Diputado y Representante de la Parroquia de San Marcos. Doctor Mariano Merizalde, Representante del Barrio de San Roque. Doctor Francisco Aguilar, Representante de Riobamba. Doctor Miguel Antonio Rodríguez Vocal, Representante del Barrio de San Blas. Doctor José Manuel Flores, Vocal, Representante de la Villa de Latacunga y sus pueblos. Doctor Miguel Suárez, Representante de la Villa de Ambato y sus pueblos. José Antonio Pontón, Diputado Representante de la Villa de Alausí y sus pueblos. Doctor Antonio Ante, Diputado por la Villa de Guaranda y sus pueblos. Doctor Luis Quijano, Vocal Secretario de Estado y Guerra. Doctor Salvador Murgueytio, Vocal Secretario de Gracia, Justicia y Hacienda.

Libros a la carta

A la carta es un servicio especializado para
empresas,
librerías,
bibliotecas,
editoriales
y centros de enseñanza;
y permite confeccionar libros que, por su formato y concepción, sirven a los propósitos más específicos de estas instituciones.

Las empresas nos encargan ediciones personalizadas para marketing editorial o para regalos institucionales. Y los interesados solicitan, a título personal, ediciones antiguas, o no disponibles en el mercado; y las acompañan con notas y comentarios críticos.

Las ediciones tienen como apoyo un libro de estilo con todo tipo de referencias sobre los criterios de tratamiento tipográfico aplicados a nuestros libros que puede ser consultado en Linkgua-ediciones.com .

Linkgua edita por encargo diferentes versiones de una misma obra con distintos tratamientos ortotipográficos (actualizaciones de carácter divulgativo de un clásico, o versiones estrictamente fieles a la edición original de referencia).

Este servicio de ediciones a la carta le permitirá, si usted se dedica a la enseñanza, tener una forma de hacer pública su interpretación de un texto y, sobre una versión digitalizada «base», usted podrá introducir interpretaciones del texto fuente. Es un tópico que los profesores denuncien en clase los desmanes de una edición, o vayan comentando errores de interpretación de un texto y esta es una solución útil a esa necesidad del mundo académico.

Asimismo publicamos de manera sistemática, en un mismo catálogo, tesis doctorales y actas de congresos académicos, que son distribuidas a través de nuestra Web.

El servicio de «libros a la carta» funciona de dos formas.

1. Tenemos un fondo de libros digitalizados que usted puede personalizar en tiradas de al menos cinco ejemplares. Estas personalizaciones pueden ser de todo tipo: añadir notas de clase para uso de un grupo de estudiantes, introducir logos corporativos para uso con fines de marketing empresarial, etc. etc.

2. Buscamos libros descatalogados de otras editoriales y los reeditamos en tiradas cortas a petición de un cliente.

www.ingramcontent.com/pod-product-compliance
Lightning Source LLC
Chambersburg PA
CBHW020447030426
42337CB00014B/1431